Katharina Wieker

Tim

macht Ferien am Strand

Mit Bildern der Autorin

ellermann

Endlich ist der Sommer da!
Tim fährt heute mit Mama, Papa und Juri an die Ostsee.
Aber zuerst muss er noch packen.
Am liebsten würde er alle seine Spielsachen mitnehmen.
Und Superteddy natürlich.

Papa lacht, als er den großen Berg sieht.
„Das kriegen wir doch nicht alles in den Kofferraum“, sagt er. „Such dir zwei Sachen aus.“
Mama ruft aus dem Flur: „Braucht ihr noch lange? Juri sitzt schon im Auto.“
Tim nimmt Superteddy und klemmt sich den Bagger unter den Arm.
„Okidoki“, sagt Papa. „Wir kommen!“

Die Autofahrt dauert fast den ganzen Tag. Als Tim und Juri Langeweile bekommen, spielt Mama ein Ratespiel mit ihnen.
„Wer sieht zuerst eine Kuh?“, fragt sie.
„Ich!“, ruft Tim und zeigt aus dem Fenster. „Da auf der Wiese stehen ganz viele!“
Jetzt darf er fragen: „Wer sieht zuerst einen Bär?“

„Bären gibt es hier doch gar nicht!“, spottet Juri.
„Und was ist das da?“, fragt Tim und hält Superteddy hoch.
„Das ist doch bloß dein doofer Teddy“, sagt Juri.
„Du bist selber doof!“, ruft Tim beleidigt.
„Wer sich streitet, ist doof“, sagt Mama.
Sie setzt sich zwischen Tim und Juri auf den Rücksitz und singt ganz laut, bis alle lachen müssen.

Am späten Nachmittag kommen sie endlich an.
„Wo ist denn das Meer?“, fragt Tim enttäuscht. Das Ferienhäuschen liegt in einem kleinen Wald und es ist kein bisschen Wasser zu sehen.
„Das ist ganz in der Nähe“, sagt Papa. „Lass uns erst mal auspacken. Danach gehen wir an den Strand.“
Tim und Juri schleppen ihre Sachen in ihr Zimmer.

Tim holt sofort seine Badehose und seine Schwimmflügel aus dem Koffer.
„Abmarsch!“, ruft er, als er sich umgezogen hat.
„Was? Du willst heute noch baden?“, fragt Papa erstaunt.
„Klar“, sagt Tim. „Da hab ich mich doch schon die ganze Zeit drauf gefreut.“
„Dann baden wir auch“, sagt Mama.

Der Weg zum Strand führt durch den Wald. Der Pfad wird immer sandiger, bis schließlich nur noch eine Düne vor ihnen liegt. Dann ist es endlich so weit:
„Da ist das Meer!", rufen Juri und Tim und rennen los.
Mit Gebrause rollen die Wellen an den Strand. Möwen kreisen in der Luft und es riecht nach Fisch und Algen.
Tim läuft sofort ins Wasser. Doch plötzlich kommt eine große Welle und wirft ihn um.

Platsch, da liegt er und spuckt und schreit.
Aber Papa ist schon bei ihm.
„Das ist ja salzig!", beschwert sich Tim.
„Du sollst das Wasser doch auch nicht trinken",
sagt Juri und lacht.
Papa rubbelt Tim trocken. „Morgen schwimmen
wir zusammen", sagt er. „Und dann machst du
einfach den Mund zu."

Aber am nächsten Morgen ist kein Badewetter. Dicke graue Regenwolken hängen am Himmel und es weht ein starker Wind. Am Strand zeigt Papa auf eine rote Fahne, die heftig flattert.

„Wenn die rote Fahne aufgezogen ist, darf niemand ins Wasser“, sagt er, „das wäre zu gefährlich. Wir machen heute einen Strandspaziergang und schauen, was das Meer angespült hat.“

Sie finden jede Menge Sachen: Seetang, Holzplanken, viele schöne Muscheln und auch ein paar tote Quallen. Die sind so schön glibberig-eklig! Juri hält Tim eine vor die Nase und jagt ihn damit den Strand entlang.
Dann machen sie mit Mama und Papa Spuren in den nassen Sand. Aber das Meer wischt alles gleich wieder fort.

Am Nachmittag besuchen sie ein Meeresmuseum. Was es da alles zu sehen gibt! In einem großen Saal hängen ausgestopfte Wale von der Decke. Auch ein Riesenkrake ist dabei. Tim findet den sehr gruselig. Er hält Papas Hand fest und ist froh, als sie endlich weitergehen.

Im nächsten Raum sind echte Fischerboote ausgestellt, auf denen man herumklettern darf. Juri traut sich bis hoch in den Ausguck. Er winkt Tim zu und ruft: „Wer sieht zuerst einen Fisch, der einen roten Pullover anhat?“
Tim sieht sich erstaunt um, aber dann merkt er, dass Juri ihn gemeint hat.
„Selber Fisch!“, ruft er und lacht.

Am besten gefallen Tim die Aquarien, in denen lebendige Fische herumschwimmen. Manche haben lustige Namen: Seenadel und Seehase zum Beispiel. Auch ein paar Schweinswale gibt es. Tim kichert.
Im Museumsshop bekommen Tim und Juri Taucherbrillen.
„Hoffentlich können wir morgen wieder baden“, sagt Tim.
„Ich will doch die Fische im Meer sehen.“

Tims Wunsch geht in Erfüllung. Am nächsten Morgen strahlt die Sonne von einem wolkenlosen Himmel. Tim setzt schon zum Frühstück seine Taucherbrille auf. „Guck mal“, sagt er zu Juri und versucht, mit dem Schnorchel seinen Kakao zu trinken.
„Halt, halt, mein Sportsfreund“, ruft Papa und kann gerade noch verhindern, dass die Tasse umkippt. „Der Schnorchel ist doch kein Strohhalm!“

Nach dem Frühstück geht die ganze Familie zum Strand. Superteddy kommt natürlich auch mit. Papa und Mama mieten einen Strandkorb. Dann laufen alle ins Wasser. Am Fahnenmast weht heute eine blaue Fahne, denn das Meer ist ganz ruhig. Mama schwimmt mit Juri ein Stück hinaus, Papa und Tim bleiben lieber im Flachen. Tim probiert seine neue Taucherbrille aus.

„Da sind ja gar keine Fische zu sehen“, sagt er enttäuscht.
„Nur Quallen!“
„Den Fischen ist hier zu viel Trubel“, meint Papa. „Die haben es lieber ruhig.“
Aber plötzlich bleibt Tim stocksteif im Wasser stehen. Da! Da kommen zwei große dunkle Schatten angeschwommen.
„Schweinswale!“, ruft Tim erschrocken.
Es sind aber nur Juri und Mama. Papa schüttelt sich vor Lachen.

Mama und Juri bespritzen Tim und Papa mit Wasser. Schnell ist eine wilde Wasserschlacht im Gange. Als sie nicht mehr können, waten sie an Land. Alle müssen duschen und trockene Sachen anziehen. Mama und Papa machen es sich mit einer Zeitung im Strandkorb gemütlich und Tim und Juri nehmen ihre Schaufeln und Eimer.

Sie buddeln in der Nähe des Wassers einen tiefen Graben mit einer schönen Sandburg in der Mitte. Zwei Türme sind fast fertig, als plötzlich ein Mädchen mit seiner Mama neben ihnen steht.
„Kann Elsa mit euch spielen?", fragt die Mama mit einem lustigen Akzent. „Sie spricht aber kein Deutsch."
Tim und Juri nicken.

Jetzt buddeln sie zu dritt weiter. Sie leiten Wasser in den Graben und schmücken die Burg. Elsa legt eine besonders schöne Muschel auf die Spitze.
„Oooh!", sagt Tim bewundernd.
Das versteht Elsa wohl, denn sie lacht.
Dann legt Tim ein bisschen Seetang um die Muschel.
Nun sagt Elsa: „Oooh!"
Juri holt mit dem Eimer eine Qualle aus dem Meer und schüttet sie in den Graben.
„Iiih!", rufen Tim und Elsa.
„Aaah!", erwidert Juri und dann reden sie den Rest des Nachmittags in der Ah-und-Oh-Sprache und verstehen sich bestens.
Plötzlich kommt eine große Welle. Der Graben stürzt ein und die Qualle wird ins Meer hinaus gespült.
Elsas Mutter ruft, dass sie gehen wollen.
„Oh!", sagen Tim, Juri und Elsa und winken sich zum Abschied zu.

Alleine haben Tim und Juri keine Lust mehr. Sie rennen zum Strandkorb von Papa und Mama.
„Kriegen wir ein Eis?“, fragen sie.
„Kriegt ihr“, sagt Mama. „Die Strandbar ist da drüben. Hier habt ihr Geld.“
In der Strandbar traut Tim sich nicht, dem Mann hinter der Theke zu sagen, was er will. Er flüstert es Juri ins Ohr und Juri bestellt für sie beide. Manchmal ist Juri richtig nett!

Abends müssen Tim und Juri wieder duschen und Haare waschen.
„Sonst habt ihr nachher Sand in euren Betten“, sagt Mama.
Sie schrubbt beide Jungen gründlich sauber und cremt ihnen die Gesichter ein.
Inzwischen hat Papa leckere Spaghetti gekocht.
Tim verdrückt eine riesengroße Portion.

Als Tim später im Bett liegt, merkt er, dass überall Sand ist.
Der kommt aus Superteddys Fell.
„Morgen musst du auch duschen", murmelt Tim.
Dann schläft er aber auch schon ein. Er träumt von Superteddy, der mit einem Schweinswal eine Sandburg baut.